Apologie de Socrate

Platon

© 2019 by Platon (Domaine public)
Edition : Books on Demand, 12/14, Rond-Point des Champs-Elysées, 75008 Paris (France)
Impression : Books on Demand GmbH, Norderstedt (Allemagne).
ISBN : 9782322133208
Dépot légal : janvier 2019

APOLOGIE DE SOCRATE

SOCRATE, MÉLITUS

~~~~~~~~~

JE ne sais, Athéniens, quelle impression mes accusateurs ont faite sur vous. Pour moi, en les entendant, peu s'en est fallu que je ne me méconnusse moi-même, tant ils ont parlé d'une manière persuasive ; et cependant, à parler franchement, ils n'ont pas dit un mot qui soit véritable.

Mais, parmi tous les mensonges qu'ils ont débités, ce qui m'a le plus surpris, c'est lorsqu'ils vous ont recommandé de vous bien tenir en garde contre mon éloquence ; car, de n'avoir pas craint la honte du démenti que je vais leur donner tout-à-l'heure, en faisant voir que je ne suis point du tout éloquent, voilà ce qui m'a paru le comble de l'impudence, à moins qu'ils n'appellent éloquent celui qui dit la vérité. Si c'est là ce qu'ils veulent dire, j'avoue alors que je suis un habile orateur, mais non pas à leur manière ; car, encore une fois, ils n'ont pas dit un mot qui soit véritable ; et de ma bouche vous entendrez la vérité toute entière, non pas, il est vrai, Athéniens, dans les discours étudiés, comme ceux de mes adversaires, et brillants de tous les artifices du langage, mais au contraire dans les termes qui se présenteront à moi les premiers ; en effet, j'ai la confiance que je ne dirai rien qui ne soit juste. Ainsi que personne n'attende de moi autre chose. Vous sentez bien qu'il ne me siérait guère, à mon âge, de paraître devant vous comme un jeune homme qui s'exerce à bien parler. C'est pourquoi la seule grâce que je vous demande, c'est que, si vous m'entendez employer pour ma défense le même langage dont j'ai coutume de me servir dans la place publique, aux comptoirs des banquiers, où vous m'avez souvent entendu, ou partout ailleurs, vous n'en soyez pas surpris, et ne vous emportiez pas contre moi ; car c'est aujourd'hui la première fois de ma vie que je parais devant un tribunal, à l'âge de plus de soixante-dix ans ; véritablement donc je suis étranger au langage qu'on parle ici. Eh bien ! de même que, si j'étais réellement un étranger, vous me laisseriez parler dans la langue
~~~~~~~~~

et à la manière de mon pays, je vous conjure, et je ne crois pas vous faire une demande injuste, de me laisser maître de la forme de mon discours, bonne ou mauvaise, et de considérer seulement, mais avec attention, si ce que je dis est juste ou non : c'est en cela que consiste toute la vertu du juge ; celle de l'orateur est de dire la vérité.

D'abord, Athéniens, il faut que je réfute les premières accusations dont j'ai été l'objet, et mes premiers accusateurs ; ensuite les accusations récentes et les accusateurs qui viennent de s'élever contre moi. Car, Athéniens, j'ai beaucoup d'accusateurs auprès de vous, et depuis bien des années, qui n'avancent rien qui ne soit faux, et que pourtant je crains plus qu'Anytus[1] et ceux, qui se joignent à lui[2], bien que ceux-ci soient très redoutables ; mais les autres le sont encore beaucoup plus. Ce sont eux, Athéniens, qui, s'emparant de la plupart d'entre vous dès votre enfance, vous ont répété, et vous ont fait accroire qu'il y a un certain Socrate, homme savant, qui s'occupe de ce qui se passe dans le ciel et sous la terre, et qui d'une mauvaise cause en sait faire une bonne. Ceux qui répandent ces bruits, voilà mes vrais accusateurs ; car, en les entendant, on se persuade que les hommes, livrés à de pareilles recherches, ne croient pas qu'il y ait des dieux. D'ailleurs, ces accusateurs sont en fort grand nombre, et il y a déjà longtemps qu'ils travaillent à ce complot ; et puis, ils vous ont prévenus de cette opinion dans l'âge de la crédulité ; car alors vous étiez enfants pour la plupart, ou dans la première jeunesse : ils m'accusaient donc auprès de vous tout à leur aise, plaidant contre un homme qui ne se défend pas ; et ce qu'il y a de plus bizarre, c'est qu'il ne m'est pas permis de connaître, ni de nommer mes accusateurs, à l'exception d'un certain faiseur de comédies. Tous ceux qui, par envie et pour me décrier, vous ont persuadé ces faussetés, et ceux qui, persuadés eux-mêmes, ont persuadé les autres, échappent à toute poursuite, et je ne puis ni les appeler devant vous, ni les réfuter ; de sorte que je me vois réduit à combattre des fantômes, et à me défendre sans que personne m'attaque. Ainsi mettez-vous dans l'esprit que j'ai affaire à deux sortes d'accusateurs, comme je viens de le dire ; les uns qui m'ont accusé depuis long-temps, les autres qui m'ont cité en dernier lieu ; et croyez, je vous prie, qu'il est nécessaire que je commence par répondre aux premiers ; car ce sont eux que vous avez d'abord écoutés, et ils ont fait plus d'impression sur vous que les autres.

Eh bien donc ! Athéniens, il faut se défendre, et tâcher d'arracher de vos esprits une calomnie qui y est déjà depuis long-temps, et cela en aussi peu d'instants. Je souhaite y réussir, s'il en peut résulter quelque bien pour vous et pour moi ; je souhaite que cette défense me serve ; mais je regarde la chose comme très difficile, et je ne m'abuse point à cet égard. Cependant qu'il arrive tout ce qu'il plaira aux dieux, il faut obéir à la loi, et se défendre.

Reprenons donc dans son principe l'accusation sur laquelle s'appuient mes calomniateurs, et qui a donné à Mélitus la confiance de me traduire devant le tribunal. Voyons ; que disent mes calomniateurs ? Car il faut mettre leur accusation dans les formes, et la lire comme si, elle était écrite, et le serment prêté[3] : *Socrate est un homme dangereux qui, par une curiosité criminelle, veut pénétrer ce qui se passe dans le ciel et sous la terre, fait une bonne cause d'une mauvaise, et enseigne aux autres ces secrets pernicieux.* Voilà l'accusation ; c'est ce que vous avez vu dans la comédie d'Aristophane, où l'on représente un certain Socrate, qui dit qu'il se promène dans les airs et autres semblables extravagances[4] sur des choses où je n'entends absolument rien ; et je ne dis pas cela pour déprécier ce genre de connaissances, s'il y a quelqu'un qui y soit habile (et que Mélitus n'aille pas me faire ici de nouvelles affaires) ; mais c'est qu'en effet, je ne me suis jamais mêlé de ces matières, et je puis en prendre à témoin la plupart d'entre vous. Je vous conjure donc tous tant que vous êtes avec qui j'ai conversé, et il y en a ici un fort grand nombre, je vous conjure de déclarer si vous m'avez jamais entendu parler de ces sortes de sciences, ni de près ni de loin ; par là, vous jugerez des autres parties de l'accusation, où il n'y a pas un mot de vrai. Et si l'on vous dit que je me mêle d'enseigner, et que j'exige un salaire, c'est encore une fausseté. Ce n'est pas que je ne trouve fort beau de pouvoir instruire les hommes, comme font Gorgias de Léontium[5], Prodicus de Céos[6], et Hippias d'Élis[7]. Ces illustres personnages parcourent toute la Grèce, attirant les jeunes gens qui pourraient, sans aucune dépense, s'attacher à tel de leurs concitoyens qu'il leur plairait de choisir ; ils savent leur persuader de laisser là leurs concitoyens, et de venir à eux : ceux-ci les paient bien, et leur ont encore beaucoup d'obligation. J'ai ouï dire aussi qu'il était arrivé ici un homme de Paros, qui est fort habile ; car m'étant trouvé l'autre jour chez un homme qui dépense plus en sophistes que tous nos autres, citoyens ensemble, Callias, fils d'Hipponicus[8], je m'avisai de lui dire, en parlant de ses deux fils : Callias, si, pour enfans, tu avais deux jeunes chevaux ou deux jeunes taureaux, ne chercherions-nous pas à les mettre entre les mains d'un habile homme, que nous paierions bien, afin qu'il les rendît aussi beaux et aussi bons qu'ils peuvent être, et qu'il leur donnât toutes les perfections de leur nature ? Et cet homme, ce serait probablement un cavalier ou un laboureur. Mais, puisque pour enfants tu as des hommes, à qui as-tu résolu de les confier ? Quel maître avons-nous en ce genre, pour les vertus de l'homme et du citoyen ? Je m'imagine qu'ayant des enfants, tu as dû penser à cela ? As-tu quelqu'un ? lui dis-je. Sans doute, me répondit-il. Et qui donc ? repris-je ; d'où est-il ? Combien prend-il ? C'est Évène[9], Socrate, me répondit Callias ; il est de Paros, et prend cinq mines[10]. Alors je félicitai Évène, s'il était vrai qu'il eût ce talent, et qu'il l'enseignât à si bon marché. Pour moi, j'avoue que je serais bien fier et bien glorieux, si j'avais cette habileté ; mais malheureusement je ne l'ai point, Athéniens.

Et ici quelqu'un de vous me dira sans doute : Mais, Socrate, que fais-tu donc ? Et d'où viennent ces calomnies que l'on a répandues contre toi ? Car si tu ne faisais rien de plus ou autrement que les autres, on n'aurait jamais tant parlé de toi. Dis-nous donc ce que c'est, afin que nous ne portions pas un jugement téméraire. Rien de plus juste assurément qu'un pareil langage ; et je vais tâcher de vous expliquer ce qui m'a fait tant de réputation et tant d'ennemis. Écoutez-moi ; quelques-uns de vous croiront peut-être que je ne parle pas sérieusement ; mais soyez bien persuadés que je ne vous dirai que la vérité. En effet, Athéniens, la réputation que j'ai acquise vient d'une certaine sagesse qui est en moi. Quelle est cette sagesse ? C'est peut-être une sagesse purement humaine ; et je cours grand risque de n'être sage que de celle-là, tandis que les hommes dont je viens de vous parler sont sages d'une sagesse bien plus qu'humaine. Je n'ai rien à vous dire de cette sagesse supérieure, car je ne l'ai point ; et qui le prétend en impose et veut me calomnier. Mais je vous conjure, Athéniens, de ne pas vous émouvoir, si ce que je vais vous dire vous paraît d'une arrogance extrême ; car je ne vous dirai rien qui vienne de moi, et je ferai parler devant vous une autorité digne de votre confiance ; je vous donnerai de ma sagesse un témoin qui vous dira si elle est, et quelle elle est ; et ce témoin c'est le dieu de Delphes. Vous connaissez tous Chérephon, c'était mon ami d'enfance ; il l'était aussi de la plupart d'entre vous ; il fut exilé avec vous, et revint avec vous. Vous savez donc quel homme c'était que Chérephon[11], et quelle ardeur il mettait dans tout ce qu'il entreprenait. Un jour, étant allé à Delphes, il eut la hardiesse de demander à l'oracle (et je vous prie encore une fois de ne pas vous émouvoir de ce que je vais dire) ; il lui demanda s'il y avait au monde un homme plus sage que moi : la Pythie lui répondit qu'il n'y en avait aucun[12]. À défaut de Chérephon, qui est mort, son frère, qui est ici, pourra vous le certifier. Considérez bien, Athéniens, pourquoi je vous dis toutes ces choses, c'est uniquement pour vous faire voir d'où viennent les bruits qu'on a fait courir contre moi. Quand je sus la réponse de l'oracle, je me dis en moi-même : que veut dire le dieu ? Quel sens cachent ses paroles ? Car je sais bien qu'il n'y a en moi aucune sagesse, ni petite ni grande ; que veut-il donc dire, en me déclarant le plus sage des hommes ? Car enfin il ne ment point ; un dieu ne saurait mentir. Je fus long-temps dans une extrême perplexité sur le sens de l'oracle, jusqu'à ce qu'enfin, après bien des incertitudes, je pris le parti que vous allez entendre pour connaître l'intention du dieu. J'allai chez un de nos concitoyens, qui passe pour un des plus sages de la ville ; et j'espérais que là, mieux qu'ailleurs, je pourrais confondre l'oracle, et lui dire : tu as déclaré que je suis le plus sage des hommes, et celui-ci est plus sage que moi. Examinant donc cet homme, dont je n'ai que faire de vous dire le nom, il suffit que c'était un de nos plus grands politiques, et m'entretenant avec lui, je trouvai qu'il passait pour sage aux yeux de tout le monde, surtout aux siens, et qu'il ne l'était point. Après cette découverte, je m'efforçai de lui faire voir qu'il n'était nullement ce qu'il croyait être ; et voilà déjà ce qui me rendit odieux à cet homme et à tous ses amis, qui assistaient à notre conversation. Quand je l'eus quitté, je raisonnai ainsi en moi-même : je suis plus sage que cet homme. Il peut bien se faire que ni lui ni moi ne sachions rien de fort merveilleux ; mais il y a cette différence que lui, il croit savoir, quoiqu'il ne sache rien ; et que moi, si je ne sais rien, je ne crois pas non plus savoir. Il me semble donc qu'en cela du moins je suis un peu plus sage, que je ne crois pas savoir ce que je ne sais point. De là, j'allai chez un autre, qui passait encore pour plus sage que le premier ; je trouvai la même chose, et je me fis là de nouveaux ennemis. Cependant je ne me rebutai point ; je sentais bien quelles haines j'assemblais sur moi ; j'en étais affligé, effrayé même. Malgré cela, je crus que je devais préférer à toutes choses la voix du dieu, et, pour en trouver le véritable sens, aller de porte en porte chez tous ceux qui avaient le plus de réputation ; et je vous jure[13], Athéniens, car il faut vous dire la vérité, que voici le résultat que me laissèrent mes recherches : Ceux qu'on vantait le plus me satisfirent le moins, et ceux dont on n'avait aucune opinion, je les trouvai beaucoup plus près de la sagesse. Mais il faut achever de vous raconter mes courses et les travaux que j'entrepris. Pour m'assurer de la vérité de l'oracle. Après les politiques, je m'adressai aux poètes tant à ceux qui font des tragédies, qu'aux poètes dithyrambiques et autres, ne doutant point que je ne prisse là sur le fait mon ignorance et leur supériorité. Prenant ceux de leurs ouvrages qui me paraissaient travaillés avec le plus de soin, je leur demandai ce qu'ils avaient voulu dire, désirant m'instruire dans leur entretien. J'ai honte, Athéniens, de vous dire la vérité ; mais il faut pourtant vous la dire. De tous ceux qui étaient là présents, il n'y en avait presque pas un qui ne fut capable de rendre compte de ces poèmes mieux que ceux qui les avaient faits. Je reconnus donc bientôt que ce n'est pas la raison qui, dirige le poète, mais une sorte d'inspiration naturelle, un enthousiasme semblable à celui qui transporte le prophète et le devin, qui disent tous de fort belles choses, mais sans rien comprendre, à ce qu'ils disent. Les poètes me parurent dans le même cas, et je m'aperçus en même temps qu'à cause de leur talent pour la poésie, ils se croyaient sur tout le reste les plus sages des hommes ; ce qu'ils n'étaient en aucune manière. Je les quittai donc, persuadé que j'étais au-dessus d'eux, par le même endroit qui m'avait mis au-dessus des politiques. Des poètes, je passai aux artistes. J'avais la conscience de n'entendre rien aux arts, et j'étais bien persuadé que les artistes possédaient mille secrets admirables, en quoi je ne me trompais point. Ils savaient bien des choses que j'ignorais, et en cela ils étaient beaucoup plus habiles que moi. Mais, Athéniens, les plus habiles me parurent tomber dans les mêmes défauts que les poètes ; il n'y en avait pas un qui, parce qu'il excellait dans son art, ne crut très-bien savoir les choses les plus importantes, et cette folle présomption gâtait leur habileté, de sorte que, me mettant à la place de l'oracle, et me demandant à moi-même lequel j'aimerais mieux ou d'être tel que je suis, sans leur habileté et aussi sans leur ignorance, ou d'avoir leurs avantages avec leurs défauts, je me répondis à moi-même et à l'oracle : J'aime mieux être comme je suis. Ce sont ces recherches, Athéniens, qui ont excité contre moi tant d'inimitiés dangereuses ; de là toutes les calomnies répandues sur mon compte, et ma réputation de sage ; car tous ceux qui m'entendent croient que je sais toutes les choses sur lesquelles je démasque l'ignorance des autres. Mais, Athéniens, la vérité est qu'Apollon seul est sage, et qu'il a voulu dire seulement, par son oracle, que toute la sagesse humaine n'est pas grand'chose, ou même qu'elle n'est rien ; et il est évident que l'oracle ne parle pas ici de moi, mais qu'il s'est servi de mon nom comme d'un exemple, et comme s'il eût dit à tous les hommes : Le plus sage d'entre vous, c'est celui qui, comme Socrate, reconnaît que sa sagesse n'est rien. Convaincu de cette vérité, pour m'en assurer encore davantage, et pour obéir au dieu, je continue ces recherches, et vais examinant tous ceux de nos concitoyens et des étrangers, en qui j'espère trouver la vraie sagesse ; et quand je ne l'y trouve point, je sers d'interprète à l'oracle ; en leur faisant voir qu'ils ne sont point sages. Cela m'occupe si fort, que je n'ai pas eu le temps d'être un peu utile à la république, ni à ma famille, et mon dévouement au service du dieu m'a mis dans une gêne extrême. D'ailleurs beaucoup de jeunes gens, qui ont du loisir, et qui appartiennent à de riches familles, s'attachent à moi, et prennent un grand plaisir à voir de quelle manière j'éprouve les hommes ; eux-mêmes ensuite tâchent de m'imiter, et se mettent à éprouver ceux qu'ils rencontrent ; et je ne doute pas qu'ils ne trouvent une abondante moisson ; car il ne manque pas de gens qui croient tout savoir, quoiqu'ils ne sachent rien, ou très-peu de chose. Tous ceux qu'ils convainquent ainsi d'ignorance s'en prennent à moi, et non pas à eux, et vont disant qu'*il y a un certain Socrate, qui est une vraie peste pour les jeunes gens* ; et quand on leur demande ce que fait ce Socrate, ou ce qu'il enseigne, ils n'en savent rien ; mais, pour ne pas demeurer court, ils mettent en avant ces accusations banales qu'on fait ordinairement aux philosophes ; *qu'il recherche ce qui se passe dans le ciel et sous la terre ; qu'il ne croit point aux dieux, et qu'il rend bonnes les plus mauvaises causes* ; car ils n'osent dire ce qui en est, que Socrate les prend sur le fait, et montre qu'ils font semblant de savoir, quoiqu'ils ne sachent rien. Intrigants, actifs et nombreux, parlant de moi d'après un plan concerté et avec une éloquence fort capable de séduire, ils vous ont depuis long-temps rempli les oreilles des bruits les plus perfides, et poursuivent sans relâche leur système de calomnie. Aujourd'hui ils me détachent Mélitus, Anytus et Lycon. Mélitus représente les poètes ; Anytus, les politiques et les artistes ; Lycon, les orateurs. C'est pourquoi, comme je le disais au commencement, je regarderais comme un miracle, si, en aussi peu de temps, je pouvais détruire une calomnie qui a déjà de vieilles racines dans vos esprits.

Vous avez entendu, Athéniens, la vérité toute pure ; je ne vous cache et ne vous déguise rien, quoique je n'ignore pas que tout ce que je dis ne fait qu'envenimer la plaie ; et c'est cela même qui prouve que je dis la vérité, et que je ne me suis pas trompé sur la source de ces calomnies : et vous vous en convaincrez aisément, si vous voulez vous donner la peine d'approfondir cette affaire, ou maintenant ou plus tard.

Voilà contre mes premiers accusateurs une apologie suffisante ; venons présentement aux derniers, et tâchons de répondre à Mélitus, cet homme de bien, si attaché à sa patrie, à ce qu'il assure. Reprenons cette dernière accusation comme nous avons fait la première ; voici à-peu-près comme elle est conçue : *Socrate est coupable, en ce qu'il corrompt les jeunes gens, ne reconnaît pas la religion de l'état, et met à la place des extravagances démoniaques[14]. Voilà l'accusation ; examinons-en tous les chefs l'un après l'autre.*

Il dit que je suis coupable, en ce que je corromps les jeunes gens. Et moi, Athéniens, je dis que c'est Mélitus qui est coupable, en ce qu'il se fait un jeu des choses sérieuses, et, de gaité de cœur, appelle les gens en justice pour faire semblant de se soucier beaucoup de choses dont il ne s'est jamais mis en peine ; et je m'en vais vous le prouver. Viens ici, Mélitus ; dis-moi : Y a-t-il rien que tu aies tant à cœur que de rendre les jeunes gens aussi vertueux qu'ils peuvent l'être ?

MÉLITUS.

Non, sans doute.

SOCRATE.

Eh bien donc, dis à nos juges qui est-ce qui est capable de rendre les jeunes gens meilleurs ; car il ne faut pas douter que tu ne le saches, puisque cela t'occupe si fort. En effet, puisque tu as découvert celui qui les corrompt, et que tu l'as dénoncé devant ce tribunal, il faut que tu dises qui est celui qui peut les rendre meilleurs. Parle, Mélitus... tu vois que tu es interdit, et ne sais que répondre : cela ne te semble-t-il pas honteux, et n'est-ce pas une preuve certaine que tu ne t'es jamais soucié de l'éducation de la jeunesse ? Mais, encore une fois, digne Mélitus, dis-nous qui peut rendre les jeunes gens meilleurs.

MÉLITUS.

Les lois.

SOCRATE.

Ce n'est pas là, excellent Mélitus, ce que je te demande. Je te demande qui est-ce ? Quel est l'homme ? Il est bien sûr que la première chose qu'il faut que cet homme sache, ce sont les lois.

MÉLITUS.

Ceux que tu vois ici, Socrate ; les juges.

SOCRATE.

Comment dis-tu, Mélitus ? Ces juges sont capables d'instruire les jeunes gens et de les rendre meilleurs ?

MÉLITUS.

Certainement.

SOCRATE.

Sont-ce tous ces juges, ou y en a-t-il parmi eux qui le puissent, et d'autres qui ne le puissent pas ?

MÉLITUS.

Tous.

SOCRATE.

À merveille, par Junon ; tu nous as trouvé un grand nombre de bons précepteurs. Mais poursuivons ; et tous ces citoyens qui nous écoutent peuvent-ils aussi rendre les jeunes gens meilleurs, ou ne le peuvent-ils pas ?

MÉLITUS.

Ils le peuvent aussi.

SOCRATE.

Et les sénateurs ?

MÉLITUS.

Les sénateurs aussi.

SOCRATE.

Mais, mon cher Mélitus, tous ceux qui assistent aux assemblées du peuple ne pourraient-ils donc pas corrompre la jeunesse, ou sont-ils aussi tous capables de la rendre vertueuse ?

MÉLITUS.

Ils en sont tous capables.

SOCRATE.

Ainsi, selon toi, tous les Athéniens peuvent être utiles à la jeunesse, hors moi ; il n'y a que moi qui la corrompe : n'est-ce pas là ce que tu dis ?

MÉLITUS.

C'est cela même.

SOCRATE.

En vérité, il faut que j'aie bien du malheur ; mais continue de me répondre. Te paraît-il qu'il en soit de même des chevaux ? Tous les hommes peuvent-ils les rendre meilleurs, et n'y en a-t-il qu'un seul qui ait le secret de les gâter ? Ou est-ce tout le contraire ? N'y a-t-il qu'un seul homme, ou un bien petit nombre, savoir les écuyers, qui soient capables de les dresser ? Et les autres hommes, s'ils veulent les monter et s'en servir, ne les gâtent-ils pas ? N'en est-il pas de-même de tous les animaux ? Oui, sans doute, soit qu'Anytus et toi vous en conveniez ou que vous n'en conveniez point ; et, en vérité, ce serait un grand bonheur pour la jeunesse, qu'il n'y eût qu'un seul homme qui pût la corrompre, et que tous les autres pussent la rendre vertueuse. Mais tu as suffisamment prouvé, Mélitus, que l'éducation de la jeunesse ne t'a jamais fort inquiété ; et tes discours viennent de faire paraître clairement que tu ne t'es jamais occupé de la chose même pour laquelle tu me poursuis.

D'ailleurs, je t'en prie au nom de Jupiter, Mélitus, réponds à ceci : Lequel est le plus avantageux d'habiter avec des gens de bien, ou d'habiter avec des méchants ? Réponds-moi, mon ami, car je ne te demande rien de difficile. N'est-il pas vrai que les méchants font toujours quelque mal à ceux qui les fréquentent, et que les bons font toujours quelque bien à ceux qui vivent avec eux ?

MÉLITUS.

Sans doute.

SOCRATE.

Y a-t-il donc quelqu'un qui aime mieux recevoir du préjudice de la part de ceux qu'il fréquente, que d'en recevoir de l'utilité ? Réponds-moi, Mélitus ; car la loi ordonne de répondre. Y a-t-il quelqu'un qui aime mieux recevoir du mal que du bien ?

MÉLITUS.

Non, il n'y a personne.

SOCRATE.

Mais voyons, quand tu m'accuses de corrompre la jeunesse, et de la rendre plus méchante, dis-tu que je la corromps à dessein, ou sans le vouloir ?

MÉLITUS.

À dessein.

SOCRATE.

Quoi donc ! Mélitus, à ton âge, ta sagesse surpasse-t-elle de si loin la mienne à l'âge ou je suis parvenu, que tu saches fort bien que les méchants fassent toujours du mal à ceux qui les fréquentent et que les bons leur font du bien, et que moi je sois assez ignorant pour ne savoir pas qu'en rendant méchant quelqu'un de ceux qui ont avec moi un commerce habituel, je m'expose à en recevoir du mal, et pour ne pas laisser malgré cela de m'attirer ce mal, le voulant et le sachant ? En cela, Mélitus, je ne te crois point, et je ne pense pas qu'il y ait un homme au monde qui puisse te croire. Il faut de deux choses l'une, ou que je ne corrompe pas les jeunes gens, ou, si je les corromps, que ce soit malgré moi et sans le savoir : et, dans tous les cas, tu es un imposteur. Si c'est malgré moi que je corromps la jeunesse, la loi ne veut pas qu'on appelle en justice pour des fautes involontaires ; mais elle veut qu'on prenne en particulier ceux qui les commettent, et qu'on les instruise ; car il est bien sûr qu'étant instruit, je cesserai de faire ce que je fais malgré moi : mais tu t'en es bien gardé ; tu n'as pas voulu me voir et m'instruire, et tu me traduis devant ce tribunal, où la loi veut qu'on cite ceux qui ont mérité des punitions, et non pas ceux qui n'ont besoin que de remontrances. Ainsi, Athéniens, voilà une preuve bien évidente de ce que je vous disais, que Mélitus ne s'est jamais mis en peine de toutes ces choses-là, et qu'il n'y a jamais pensé. Cependant, voyons ; dis-nous comment je corromps les jeunes gens : n'est-ce pas, selon ta dénonciation écrite, en leur apprenant à ne pas reconnaître les dieux que reconnaît la patrie, et en leur enseignant des extravagances sur les démons ? N'est-ce pas là ce que tu dis ?

MÉLITUS.

Précisément.

SOCRATE.

Mélitus, au nom de ces mêmes dieux dont il s'agit maintenant, explique-toi d'une manière un peu plus claire, et pour moi et pour ces juges ; car je ne comprends pas si tu m'accuses d'enseigner qu'il y a bien des dieux (et dans ce cas, si je crois qu'il y a des dieux, je ne suis donc pas entièrement athée, et ce n'est pas là en quoi je suis coupable), mais des dieux qui ne sont pas ceux de l'état : est-ce là de quoi tu m'accuses ? ou bien m'accuses-tu de n'admettre aucun dieu, et d'enseigner aux autres à n'en reconnaître aucun ?

MÉLITUS.

Je t'accuse de ne reconnaître aucun dieu.

SOCRATE.

O merveilleux Mélitus ! pourquoi dis-tu cela ? Quoi ! je ne crois pas, comme les autres hommes, que le soleil et la lune sont des dieux ?

MÉLITUS.

Non, par Jupiter, Athéniens, il ne le croit pas ; car il dit que le soleil est une pierre, et la lune une terre.

SOCRATE.

Tu crois accuser Anaxagore[15], mon cher Mélitus, et tu méprises assez nos juges, tu les crois assez ignorants, pour penser qu'ils ne savent pas que les livres d'Anaxagore de Clazomènes sont pleins de pareilles assertions. D'ailleurs, les jeunes gens viendraient-ils chercher auprès de moi avec tant d'empressement une doctrine qu'ils pourraient aller à tout moment entendre débiter à l'orchestre, pour une dragme tout au plus, et qui leur donnerait une belle occasion de se moquer de Socrate, s'il s'attribuait ainsi des opinions qui ne sont pas à lui, et qui sont si étranges et si absurdes ? Mais dis-moi, au nom de Jupiter, prétends-tu que je ne reconnais aucun dieu.

MÉLITUS.

Oui, par Jupiter, tu n'en reconnais aucun.

SOCRATE.

En vérité, Mélitus, tu dis là des choses incroyables, et auxquelles toi-même, à ce qu'il me semble, tu ne crois pas. Pour moi, Athéniens, il me paraît que Mélitus est un impertinent, qui n'a intenté cette accusation que pour m'insulter, et par une audace de jeune homme ; il est venu ici pour me tenter, en proposant une énigme, et disant en lui-même : Voyons si Socrate, cet homme qui passe pour si sage, reconnaîtra que je me moque, et que je dis des choses qui se contredisent, ou si je le tromperai, lui et tous les auditeurs. En effet, il paraît entièrement se contredire dans son accusation ; c'est comme s'il disait : Socrate est coupable en ce qu'il ne reconnaît pas de dieux, et en ce qu'il reconnaît *des dieux ; vraiment c'est là se moquer. Suivez-moi, je vous en prie, Athéniens, et examinez avec moi en quoi je pense qu'il se contredit. Réponds, Mélitus ; et vous, juges, comme je vous en ai conjurés au commencement, souffrez que je parle ici à ma manière ordinaire. Dis, Mélitus ; y a-t-il quelqu'un dans le monde qui croie qu'il y ait des choses humaines, et qui ne croie pas qu'il y ait des hommes ?... Juges, ordonnez qu'il réponde et qu'il ne fasse pas tant de bruit. Y a-t-il quelqu'un qui croie qu'il y a des règles pour dresser les chevaux, et qu'il n'y a pas de chevaux ? des airs de flûte, et point de joueurs de flûte ?... Il n'y a personne, excellent Mélitus. C'est moi qui te le dis, puisque tu ne veux pas répondre, et qui le dis à toute l'assemblée. Mais réponds à ceci : Y a-t-il quelqu'un qui admette quelque chose relatif aux démons, et qui croie pourtant qu'il n'y a point de démons ?*

MÉLITUS.

Non, sans doute.

SOCRATE.

Que tu m'obliges de répondre enfin, et à grand'peine, quand les juges t'y forcent ! Ainsi tu conviens que j'admets et que j'enseigne quelque chose sur les démons : que mon opinion, soit nouvelle, ou soit ancienne, toujours est-il, d'après toi-même, que j'admets quelque chose sur les démons ; et tu l'as juré dans ton accusation. Mais si j'admets quelque chose sur les démons, il faut nécessairement que j'admette des démons ; n'est-ce pas ?... Oui, sans doute ; car je prends ton silence pour un consentement. Or, ne regardons-nous pas les démons comme des dieux, ou des enfants des dieux ? En conviens-tu, oui ou non ?

MÉLITUS.

J'en conviens.

SOCRATE.

Et par conséquent, puisque j'admets des démons de ton propre aveu, et que les démons sont des dieux, voilà justement la preuve de ce que je disais, que tu viens nous proposer des énigmes, et te divertir à mes dépens, en disant que je n'admets point de dieux, et que pourtant j'admets des dieux, puisque j'admets des démons. Et si les démons sont enfants des dieux, enfants bâtards, à la vérité, puisqu'ils les ont eus de nymphes ou, dit-on aussi, de simples mortelles, qui pourrait croire qu'il y a des enfants des dieux, et qu'il n'y ait pas des dieux ? Cela serait aussi absurde que de croire qu'il y a des mulets nés de chevaux ou d'ânes, et qu'il n'y a ni ânes ni chevaux. Ainsi, Mélitus, il est impossible que tu ne m'aies intenté cette accusation pour m'éprouver, ou faute de prétexte légitime pour me citer devant ce tribunal ; car que tu persuades jamais à quelqu'un d'un peu de sens, que le même homme puisse croire qu'il y a des choses relatives aux démons et aux dieux, et pourtant qu'il n'y a ni démons, ni dieux, ni héros, c'est ce qui est entièrement impossible.

Mais je n'ai pas besoin d'une plus longue défense, Athéniens ; et ce que je viens de dire suffit, il me semble, pour faire voir que je ne suis point coupable, et que l'accusation de Mélitus est sans fondement. Et quant à ce que je vous disais au commencement, que j'ai contre moi de vives et nombreuses inimitiés, soyez bien persuadés qu'il en est ainsi ; et ce qui me perdra si je succombe, ce ne sera ni Mélitus ni Anytus, mais l'envie et la calomnie, qui ont déjà fait périr tant de gens de bien, et qui en feront encore périr tant d'autres ; car il ne faut pas espérer que ce fléau s'arrête à moi.

Mais quelqu'un me dira peut-être : *N'as-tu pas honte, Socrate, de t'être attaché à une étude qui te met présentement en danger de mourir ?* Je puis répondre avec raison à qui me ferait cette objection : Vous êtes dans l'erreur, si vous croyez qu'un homme, qui vaut quelque chose, doit considérer les chances de la mort ou de la vie, au lieu de chercher seulement, dans toutes ses démarches, si ce qu'il fait est juste ou injuste, et si c'est l'action d'un homme de bien ou d'un méchant. Ce seraient donc, suivant vous, des insensés que tous ces demi-dieux qui moururent au siège de Troie, et particulièrement le fils de Thétis, qui comptait le danger pour si peu de chose, en comparaison de la honte, que la déesse sa mère, qui le voyait dans l'impatience d'aller tuer Hector, lui ayant parlé à-peu-près en ces termes, si je m'en souviens : Mon fils, si tu venges la mort de Patrocle, ton ami, en tuant Hector, tu mourras ; car

Ton trépas doit suivre celui d'Hector ;

lui, méprisant le péril et la mort, et craignant beaucoup plus de vivre comme un lâche, sans venger ses amis :

Que je meure à l'instant,

s'écrie-t-il, pourvu que je punisse le meurtrier de Patrocle, et que je ne reste pas ici exposé au mépris,

Assis sur mes vaisseaux, fardeau inutile de la terre[16].

Est-ce là s'inquiéter du danger et de la mort ? Et en effet, Athéniens, c'est ainsi qu'il en doit être. Tout homme qui a choisi un poste, parce qu'il le jugeait le plus honorable, ou qui y a été placé par son chef, doit, à mon avis, y demeurer ferme, et ne considérer ni la mort, ni le péril, ni rien autre chose que l'honneur. Ce serait donc de ma part une étrange conduite, Athéniens, si, après avoir gardé fidèlement, comme un brave soldat, tous les postes où j'ai été mis par vos généraux, à Potidée, à Amphipolis et à Délium[17], et, après avoir souvent exposé ma vie, aujourd'hui que le dieu de Delphes m'ordonne, à ce que je crois, et comme je l'interprète moi-même, de passer mes jours dans l'étude de la philosophie, en m'examinant moi-même, et en examinant les autres, la peur de la mort, ou quelque autre danger, me faisait abandonner ce poste. Ce serait là une conduite bien étrange, et c'est alors vraiment qu'il faudrait me citer devant ce tribunal comme un impie qui ne reconnaît point de dieux, qui désobéit à l'oracle, qui craint la mort, qui se croit sage, et qui ne l'est pas ; car craindre la mort, Athéniens, ce n'est autre chose que se croire sage sans l'être ; car c'est croire connaître ce que l'on ne connaît point. En effet, personne ne connaît ce que c'est que la mort, et si elle n'est pas le plus grand de tous les biens pour l'homme. Cependant on la craint, comme si l'on savait certainement que c'est le plus grand de tous les maux. Or, n'est-ce pas l'ignorance la plus honteuse que de croire connaître ce que l'on ne connaît point ? Pour moi, c'est peut-être en cela que je suis différent de la plupart des hommes ; et si j'osais me dire plus sage qu'un autre en quelque chose, c'est en ce que, ne sachant pas bien ce qui se passe après cette vie, je ne crois pas non plus le savoir ; mais ce que je sais bien, c'est qu'être injuste, et désobéir à ce qui est meilleur que soi, dieu ou homme, est contraire au devoir et à l'honneur. Voilà le mal que je redoute et que je veux fuir, parce que je sais que c'est un mal, et non pas de prétendus maux qui peut-être sont des biens véritables : tellement que si vous me disiez présentement, malgré les instances d'Anytus qui vous a représentés ou qu'il ne fallait pas m'appeler devant ce tribunal, ou qu'après m'y avoir appelé, vous ne sauriez vous dispenser de me faire mourir, par la raison, dit-il, que si j'échappais, vos fils, qui sont déjà si attachés à la doctrine de Socrate, seront bientôt corrompus sans ressource ; si vous me disiez : Socrate, nous rejetons l'avis d'Anytus, et nous te renvoyons absous ; mais c'est à condition que tu cesseras de philosopher et de faire tes recherches accoutumées ; et si tu y retombes, et que tu sois découvert, tu mourras ; oui, si vous me renvoyiez à ces conditions, je vous répondrais sans balancer : Athéniens, je vous honore et je vous aime, mais j'obéirai plutôt au dieu qu'à vous ; et tant que je respirerai et que j'aurai un peu de force, je ne cesserai de m'appliquer à la philosophie, de vous donner des avertissements et des conseils, et de tenir à tous ceux que je rencontrerai mon langage ordinaire : ô mon ami ! comment, étant Athénien, de la plus grande ville et la plus renommée pour les lumières et la puissance, ne rougis-tu pas de ne penser qu'à amasser des richesses, à acquérir du crédit et des honneurs, sans t'occuper de la vérité et de la sagesse, de ton âme et de son perfectionnement ? Et si quelqu'un de vous prétend le contraire, et me soutient qu'il s'en occupe, je ne l'en croirai point sur sa parole, je ne le quitterai point ; mais je l'interrogerai, je l'examinerai, je le confondrai, et si je trouve qu'il ne soit pas vertueux, mais qu'il fasse semblant de l'être, je lui ferai honte de mettre si peu de prix aux choses les plus précieuses, et d'en mettre tant à celles qui n'en ont aucun. Voilà de quelle manière je parlerai à tous ceux que je rencontrerai, jeunes et vieux, concitoyens et étrangers, mais plutôt à vous, Athéniens, parce que vous me touchez de plus près, et sachez que c'est là ce que le dieu m'ordonne, et je suis persuadé qu'il ne peut y avoir rien de plus avantageux à la république que mon zèle à remplir l'ordre du dieu : car toute mon occupation est de vous persuader, jeunes et vieux, qu'avant le soin du corps et des richesses, avant tout autre soin, est celui de l'âme et de son perfectionnement. Je ne cesse de vous dire que ce n'est pas la richesse qui fait la vertu ; mais, au contraire, que c'est la vertu qui fait la richesse, et que c'est de là que naissent tous les autres biens publics et particuliers. Si, en parlant ainsi, je corromps la jeunesse, il faut que ces maximes soient un poison, car si on prétend que je dis autre chose, on se trompe, ou l'on vous en impose. Ainsi donc, je n'ai qu'à vous dire : Faites ce que demande Anytus, ou ne le faites pas ; renvoyez-moi, ou ne me renvoyez pas ; je ne ferai jamais autre chose, quand je devrais mourir mille fois... Ne murmurez pas, Athéniens, et accordez-moi la grâce que je vous ai demandée, de m'écouter patiemment : cette patience, à mon avis, ne vous sera pas infructueuse. J'ai à vous dire beaucoup d'autres choses qui, peut-être, exciteront vos clameurs ; mais ne vous livrez pas à ces mouvements de colère. Soyez persuadés que, si vous me faites mourir, étant tel que je viens de le déclarer, vous vous ferez plus de mal qu'à moi. En effet, ni Anytus ni Mélitus ne me feront aucun mal ; ils ne le peuvent, car je ne crois pas qu'il soit au pouvoir du méchant de nuire à l'homme de bien. Peut-être me feront-ils condamner à la mort ou à l'exil ou à la perte de mes droits de citoyen, et Anytus et les autres prennent sans doute cela pour de très grands maux ; mais moi je ne suis pas de leur avis ; à mon sens, le plus grand de tous les maux, c'est ce qu'Anytus fait aujourd'hui, d'entreprendre de faire périr un innocent.

Maintenant, Athéniens, ne croyez pas que ce soit pour l'amour de moi que je me défends, comme on pourrait le croire ; c'est pour l'amour de vous, de peur qu'en me condamnant, vous n'offensiez le dieu dans le présent qu'il vous a fait ; car si vous me faites mourir, vous ne trouverez pas facilement un autre citoyen comme moi, qui semble avoir été attaché à cette ville, la comparaison vous paraîtra peut-être un peu ridicule, comme à un coursier puissant et généreux, mais que sa grandeur même appesantit, et qui a besoin d'un éperon qui l'excite et l'aiguillonne. C'est ainsi que le dieu semble m'avoir choisi pour vous exciter et vous aiguillonner, pour gourmander chacun de vous, partout et toujours sans vous laisser aucune relâche. Un tel homme, Athéniens, sera difficile à retrouver, et, si vous voulez m'en croire, vous me laisserez la vie. Mais peut-être que, fâchés comme des gens qu'on éveille quand ils ont envie de s'endormir, vous me frapperez, et, obéissant aux insinuations d'Anytus, vous me ferez mourir sans scrupule ; et après vous retomberez pour toujours dans un sommeil léthargique, à moins que la divinité, prenant pitié de vous, ne vous envoie encore un homme qui me ressemble. Or, que ce soit elle-même qui m'ait donné à cette ville, c'est ce que vous pouvez aisément reconnaître à cette marque ; qu'il y a quelque chose de plus qu'humain à avoir négligé pendant tant d'années mes propres affaires, pour m'attacher aux vôtres, en vous prenant chacun en particulier, comme un père ou un frère aîné pourrait faire, et en vous exhortant sans cesse à vous appliquer à la vertu. Et si j'avais tiré quelque salaire de mes exhortations, ma conduite pourrait s'expliquer ; mais vous voyez que mes accusateurs mêmes, qui m'ont calomnié avec tant d'impudence, n'ont pourtant pas eu le front de me reprocher et d'essayer de prouver par témoins, que j'aie jamais exigé ni demandé le moindre salaire ; et je puis offrir de la vérité de ce que j'avance un assez bon témoin, à ce qu'il me semble : ma pauvreté.

Mais peut-être paraîtra-t-il inconséquent que je me sois mêlé de donner à chacun de vous des avis en particulier, et que je n'aie jamais eu le courage de me trouver dans les assemblées du peuple, pour donner mes conseils à la république. Ce qui m'en a empêché, Athéniens, c'est ce je ne sais quoi de divin et de démoniaque, dont vous m'avez si souvent entendu parler, et dont Mélitus, pour plaisanter, a fait un chef d'accusation contre moi. Ce phénomène extraordinaire s'est manifesté en moi dès mon enfance ; c'est une voix qui ne se fait entendre que pour me détourner de ce que j'ai résolu ; car jamais elle ne m'exhorte à rien entreprendre : c'est elle qui s'est toujours opposée à moi, quand j'ai voulu me mêler des affaires de la république, et elle s'y est opposée fort à propos ; car sachez bien qu'il y a long-temps que je ne serais plus en vie, si je m'étais mêlé des affaires publiques, et je n'aurais rien avancé ni pour vous ni pour moi. Ne vous fâchez point, je vous en conjure, si je vous dis la vérité. Non, quiconque voudra lutter franchement contre les passions d'un peuple, celui d'Athènes, ou tout autre peuple ; quiconque voudra empêcher qu'il ne se commette rien d'injuste ou d'illégal dans un état, ne le fera jamais impunément. Il faut de toute nécessité que celui qui veut combattre pour la justice, s'il veut vivre quelque temps, demeure simple particulier, et ne prenne aucune part au gouvernement. Je puis vous en donner des preuves incontestables, et ce ne seront pas des raisonnements, mais ce qui a bien plus d'autorité auprès de vous, des faits. Écoutez donc ce qui m'est arrivé, afin que vous sachiez bien que je sois incapable de céder à qui que ce soit contre le devoir, par crainte de la mort ; et que, ne voulant pas le faire, il est impossible que je ne périsse pas. Je vais vous dire des choses qui vous déplairont, et où vous trouverez peut-être la jactance des plaidoyers ordinaires : cependant je ne vous dirai rien qui ne soit vrai.

Vous savez, Athéniens, que je n'ai jamais exercé aucune magistrature, et que j'ai été seulement sénateur[18]. La tribu Antiochide, à laquelle j'appartiens[19], était justement de tour au Prytanée, lorsque, contre toutes les lois, vous vous opiniâtrâtes à faire simultanément[20] le procès aux dix généraux qui avaient négligé d'ensevelir les corps de ceux qui avaient péri au combat naval des Arginuses[21] ; injustice que vous reconnûtes, et dont vous vous repentîtes dans la suite. En cette occasion, je fus le seul des prytanes qui osai m'opposer à la violation des lois, et voter contre vous. Malgré les orateurs qui se préparaient à me dénoncer, malgré vos menaces et vos cris, j'aimai mieux courir ce danger avec la loi et la justice, que de consentir avec vous à une si grande iniquité, par la crainte des chaînes ou de la mort[22]. Ce fait eut lieu pendant que le gouvernement démocratique subsistait encore. Quand vint l'oligarchie, les Trente me mandèrent moi cinquième au Tholos[23] et me donnèrent l'ordre d'amener de Salamine Léon le Salaminien, afin qu'on le fit mourir ; car ils donnaient de pareils ordres à beaucoup de personnes, pour compromettre le plus de monde qu'ils pourraient ; et alors je prouvai, non pas en paroles, mais par des effets, que je me souciais de la mort comme de rien, si vous me passez cette expression triviale, et que mon unique soin était de ne rien faire d'impie et d'injuste. Toute la puissance des Trente, si terrible alors, n'obtint rien de moi contre la justice. En sortant du Tholos, les quatre autres s'en allèrent à Salamine, et amenèrent Léon, et moi je me retirai dans ma maison ; et il ne faut pas douter que ma mort n'eût suivi ma désobéissance, si ce gouvernement n'eût été aboli bientôt après[24]. C'est ce que peuvent attester un grand nombre de témoins.

Pensez-vous donc que j'eusse vécu tant d'années, si je me fusse mêlé des affaires de la république, et qu'en homme de bien, j'eusse tout foulé aux pieds pour ne penser qu'à défendre la justice ? Il s'en faut bien, Athéniens ; ni moi ni aucun autre homme, ne l'aurions pu faire. Pendant tout le cours de ma vie, toutes les fois qu'il m'est arrivé de prendre part aux affaires publiques, vous me trouverez le même ; le même encore dans mes relations privées, ne cédant jamais rien à qui que ce soit contre la justice, non pas même à aucun de ces tyrans, que mes calomniateurs veulent faire passer pour mes disciples[25]. Je n'ai jamais été le maître de personne ; mais si quelqu'un, jeune ou vieux, a désiré s'entretenir avec moi, et voir comment je m'acquitte de ma mission, je n'ai refusé à personne cette satisfaction. Loin de parler quand on me paie, et de me taire quand on ne me donne rien, je laisse également le riche et le pauvre m'interroger ; ou, si on l'aime mieux, on répond à mes questions, et l'on entend ce que j'ai à dire. Si donc, parmi ceux qui me fréquentent, il s'en trouve qui deviennent honnêtes gens ou malhonnêtes gens, il ne faut ni m'en louer ni m'en blâmer ; ce n'est pas moi qui en suis la cause, je n'ai jamais promis aucun enseignement, et je n'ai jamais rien enseigné ; et si quelqu'un prétend avoir appris ou entendu de moi en particulier autre chose que ce que je dis publiquement à tout le monde, soyez persuadés que c'est une imposture. Vous savez maintenant pourquoi on aime à converser si long-temps avec moi : je vous ai dit la vérité toute pure ; c'est qu'on prend plaisir à voir confondre ces gens qui se prétendent sages, et qui ne le sont point ; et, en effet, cela n'est pas désagréable. Et je n'agis ainsi, je vous le répète, que pour accomplir l'ordre que le dieu m'a donné par la voix des oracles, par celle des songes et par tous les moyens qu'aucune autre puissance céleste a jamais employés pour communiquer sa volonté à un mortel. Si ce que je vous dis n'était pas vrai, il vous serait aisé de me convaincre de mensonge ; car si je corrompais les jeunes gens, et que j'en eusse déjà corrompu, il faudrait que ceux qui, en avançant en âge, ont reconnu que je leur ai donné de pernicieux conseils dans leur jeunesse, vinssent s'élever contre moi, et me faire punir ; et s'ils ne voulaient pas se charger eux-mêmes de ce rôle, ce serait le devoir des personnes de leur famille, comme leurs pères ou leurs frères ou leurs autres parents, de venir demander vengeance contre moi, si j'ai nui à ceux qui leur appartiennent ; et j'en vois plusieurs qui sont ici présents, comme Criton, qui est du même bourg que moi, et de mon âge, père de Critobule, que voici : Lysanias de Sphettios[26], avec son fils Eschine[27] ; Antiphon de Céphise[28] père d'Epigenès[29], et beaucoup d'autres dont les frères me fréquentaient, comme Nicostrate, fils de Zotide, et frère de Théodote. Il est vrai que Théodote est mort, et qu'ainsi il n'a plus besoin du secours de son frère. Je vois encore Parale, fils de Demodocus, et dont le frère était Théagès[30] ; Adimante, fils d'Ariston, avec son frère Platon ; Acéantodore, frère d'Apollodore, que je reconnais aussi[31], et beaucoup d'autres dont Mélitus aurait bien dû faire comparaître au moins un comme témoin dans sa cause. S'il n'y a pas pensé, il est encore temps ; je lui permets de le faire ; qu'il dise donc s'il le peut. Mais vous trouverez tout le contraire, Athéniens ; vous verrez qu'ils sont tout prêts à me défendre, moi qui ai corrompu et perdu leurs enfants et leurs frères, s'il faut en croire Mélitus et Anytus ; car je ne veux pas faire valoir ici le témoignage de ceux que j'ai corrompus, ils pourraient avoir leur raison pour me défendre ; mais leurs parents, que je n'ai pas séduits, qui sont déjà avancés en âge, quelle autre raison peuvent-ils avoir de se déclarer pour moi, que mon bon droit et mon innocence, et leur persuasion que Mélitus est un imposteur, et que je dis la vérité ? Mais en voilà assez, Athéniens ; telles sont à-peu-près les raisons que je puis employer pour me défendre ; les autres seraient du même genre.

Mais peut-être se trouvera-t-il quelqu'un parmi vous qui s'irritera contre moi, en se souvenant que, dans un péril beaucoup moins grand, il a conjuré et supplié les juges avec larmes, et que, pour exciter une plus grande compassion, il a fait paraître ses enfants, tous ses parents et tous ses amis ; au lieu que je ne fais rien de tout cela, quoique, selon toute apparence, je coure le plus grand danger. Peut-être que cette différence, se présentant à son esprit, l'aigrira contre moi, et que, dans le dépit que lui causera ma conduite, il donnera son suffrage avec colère. S'il y a ici quelqu'un qui soit dans ces sentiments, ce que je ne saurais croire, mais j'en fais la supposition, je pourrais lui dire avec raison : Mon ami, j'ai aussi des parents ; car pour me servir de l'expression d'Homère :

Je ne suis point né d'un chêne ou d'un rocher,[32]

mais d'un homme. Ainsi, Athéniens, j'ai des parents ; et pour des enfants, j'en ai trois, l'un déjà dans l'adolescence, les deux autres encore en bas âge ; et cependant je ne les ferai pas paraître ici pour vous engager à m'absoudre. Pourquoi ne le ferai-je pas ? Ce n'est ni par une opiniâtreté superbe, ni par aucun mépris pour vous ; d'ailleurs, il ne s'agit pas ici de savoir si je regarde la mort avec intrépidité ou avec faiblesse ; mais pour mon honneur, pour le vôtre et celui de la république, il ne me paraît pas convenable d'employer ces sortes de moyens, à l'âge que j'ai, et avec ma réputation, vraie ou fausse, puisque enfin c'est une opinion généralement reçue que Socrate a quelque avantage sur le vulgaire des hommes. En vérité, il serait honteux que ceux qui parmi vous se distinguent par la sagesse, le courage ou quelque autre vertu, ressemblassent à beaucoup de gens que j'ai vus, quoiqu'ils eussent toujours passé pour de grands personnages, faire pourtant des choses d'une bassesse étonnante quand on les jugeait, comme s'ils eussent cru qu'il leur arriverait un bien grand mal si vous les faisiez mourir, et qu'ils deviendraient immortels si vous daigniez-leur laisser la vie. De tels hommes déshonorent la patrie ; car ils donneraient lieu aux étrangers de penser que parmi les Athéniens, ceux qui ont le plus de vertu, et que tous les autres choisissent préférablement à eux-mêmes pour les élever aux emplois publics et aux dignités, ne diffèrent en rien des femmes ; et c'est ce que vous ne devez pas faire, Athéniens, vous qui aimez la gloire ; et si nous voulions nous conduire ainsi, vous devriez ne pas le souffrir, et déclarer que celui qui a recours à ces scènes tragiques pour exciter la compassion, et qui par là vous couvre de ridicule, vous le condamnerez plutôt que celui qui attend tranquillement votre sentence. Mais sans parler de l'opinion, il me semble que la justice veut qu'on ne doive pas son salut à ses prières, qu'on ne supplie pas le juge, mais qu'on l'éclaire et qu'on le convainque ; car le juge ne siège pas ici pour sacrifier la justice au désir de plaire, mais pour la suivre religieusement : il a juré, non de faire grâce à qui bon lui semble, mais de juger suivant les lois. Il ne faut donc pas que nous vous accoutumions au parjure, et vous ne devez pas vous y laisser accoutumer ; car les uns et les autres nous nous rendrions coupables envers les dieux. N'attendez donc point de moi, Athéniens, que j'aie recours auprès de vous à des choses que je ne crois ni honnêtes, ni justes, ni pieuses, et que j'y aie recours dans une occasion où je suis accusé d'impiété par Mélitus ; si je vous fléchissais par mes prières, et que je vous forçasse à violer votre serment, c'est alors que je vous enseignerais l'impiété, et en voulant me justifier, je prouverais contre moi-même que je ne crois point aux dieux. Mais il s'en faut bien, Athéniens, qu'il en soit ainsi. Je crois plus aux dieux qu'aucun de mes accusateurs ; et je vous abandonne avec confiance à vous et au dieu de Delphes le soin de prendre à mon égard le parti le meilleur et pour moi et pour vous.

[Ici les juges ayant été aux voix, la majorité déclare que Socrate est coupable. Il reprend la parole :]

Le jugement que vous venez de prononcer, Athéniens, m'a peu ému, et par bien des raisons ; d'ailleurs je m'attendais à ce qui est arrivé. Ce qui me surprend bien plus, c'est le nombre des voix pour ou contre ; j'étais bien loin de m'attendre à être condamné à une si faible majorité ; car, à ce qu'il paraît, il n'aurait fallu que trois voix[33] de plus pour que je fusse absous. Je puis donc me flatter d'avoir échappé à Mélitus, et non-seulement je lui ai échappé, mais il est évident que si Anytus et Lycon ne se fussent levés pour m'accuser, il aurait été condamné à payer mille drachmes[34], comme n'ayant pas obtenu la cinquième partie des suffrages.

C'est donc la peine de mort que cet homme réclame contre moi, à la bonne heure ; et moi, de mon côté, Athéniens, à quelle peine me condamnerai-je[35] ? Je dois choisir ce qui m'est dû ; Et que m'est-il dû ? Quelle peine afflictive, ou quelle amende mérité-je, moi, qui me suis fait un principe de ne connaître aucun repos pendant toute ma vie, négligeant ce que les autres recherchent avec tant d'empressement, les richesses, le soin de ses affaires domestiques, les emplois militaires, les fonctions d'orateur et toutes les autres dignités ; moi, qui ne suis jamais entré dans aucune des conjurations et des cabales si fréquentes dans la république, me trouvant réellement trop honnête homme pour ne pas me perdre en prenant part à tout cela ; moi qui, laissant de côté toutes les choses où je ne pouvais être utile ni à vous ni à moi, n'ai voulu d'autre occupation que celle de vous rendre à chacun en particulier le plus grand de tous les services, en vous exhortant tous individuellement à ne pas songer à ce qui vous appartient accidentellement plutôt qu'à ce qui constitue votre essence, et à tout ce qui peut vous rendre vertueux et sages ; à ne pas songer aux intérêts passagers de la patrie plutôt qu'à la patrie elle-même, et ainsi de tout le reste ? Athéniens, telle a été ma conduite ; que mérite-telle ? Une récompense, si vous voulez être justes, et même une récompense qui puisse me convenir. Or, qu'est-ce qui peut convenir à un homme pauvre, votre bienfaiteur, qui a besoin de loisir pour ne s'occuper qu'à vous donner des conseils utiles ? Il n'y a rien qui lui convienne plus, Athéniens, que d'être nourri dans le Prytanée ; et il le mérite bien plus que celui qui, aux jeux Olympiques, a remporté le prix de la course à cheval, ou de la course des chars à deux ou à quatre chevaux[36] ; car celui-ci ne vous rend heureux qu'en apparence : moi, je vous enseigne à l'être véritablement : celui-ci a de quoi vivre, et moi je n'ai rien. Si donc il me faut déclarer ce que je mérite, en bonne justice, je le déclare, c'est d'être nourri au Prytanée.

Quand je vous parle ainsi, Athéniens, vous m'accuserez peut-être de la même arrogance qui me faisait condamner tout-à-l'heure les prières et les lamentations. Mais ce n'est nullement cela ; mon véritable motif est que j'ai la conscience de n'avoir jamais commis envers personne d'injustice volontaire ; mais je ne puis vous le persuader, car il n'y a que quelques instants que nous nous entretenons ensemble, tandis que vous auriez fini par me croire peut-être, si vous aviez, comme d'autres peuples, une loi qui, pour une condamnation à mort, exigeât un procès de plusieurs jours[37], au lieu qu'en si peu de temps, il est impossible de détruire des calomnies invétérées. Ayant donc la conscience que je n'ai jamais été injuste envers personne, je suis bien éloigné de vouloir l'être envers moi-même ; d'avouer que je mérite une punition, et de me condamner à quelque chose de semblable ; et cela dans quelle crainte ? Quoi ! pour éviter la peine que réclame contre moi Mélitus, et de laquelle j'ai déjà dit que je ne sais pas si elle est un bien ou un mal, j'irai choisir une peine que je sais très certainement être un mal, et je m'y condamnerai moi-même ! Choisirai-je les fers ? Mais pourquoi me faudrait-il passer ma vie en prison, esclave du pouvoir des Onze, qui se renouvelle toujours[38]? Une amende, et la prison jusqu'à ce que je l'aie payée ? Mais cela revient au même, car je n'ai pas de quoi la payer. Me condamnerai-je à l'exil ? Peut-être y consentiriez-vous. Mais il faudrait que l'amour de la vie m'eût bien aveuglé, Athéniens, pour que je pusse m'imaginer que, si vous, mes concitoyens, vous n'avez pu supporter ma manière d'être et mes discours, s'ils vous sont devenus tellement importuns et odieux qu'aujourd'hui vous voulez enfin vous en délivrer, d'autres n'auront pas de peine à les supporter. Il s'en faut de beaucoup, Athéniens. En vérité, ce serait une belle vie pour moi, vieux comme je suis, de quitter mon pays, d'aller errant de ville en ville, et de vivre comme un proscrit ! Car je sais que partout où j'irai, les jeunes gens viendront m'écouter comme ici ; si je les rebute, eux-mêmes me feront bannir par les hommes plus âgés ; et si je ne les rebute pas, leurs pères et leurs parents me banniront, à cause d'eux.

Mais me dira-t-on peut-être : Socrate, quand tu nous auras quittés, ne pourras-tu pas te tenir en repos, et garder le silence ? Voilà ce qu'il y a de plus difficile à faire entendre à quelques-uns d'entre vous ; car si je dis que ce serait désobéir au dieu, et que par cette raison, il m'est impossible de me tenir en repos, vous ne me croirez point, et prendrez cette réponse pour une plaisanterie ; et, d'un autre côté, si je vous dis que le plus grand bien de l'homme, c'est de s'entretenir chaque jour de la vertu et des autres choses dont vous m'avez entendu discourir, m'examinant et moi-même et les autres : car une vie sans examen n'est pas une vie ; si je vous dis cela, vous me croirez encore moins. Voilà pourtant la vérité, Athéniens ; mais il n'est pas aisé de vous en convaincre. Au reste, je ne suis point accoutumé à me juger digne de souffrir aucun mal. Si j'étais riche, je me condamnerais volontiers à une amende telle que je pourrais la payer, car cela ne me ferait aucun tort ; mais, dans la circonstance présente... car enfin je n'ai rien... à moins que vous ne consentiez à m'imposer seulement à ce que je suis en état de payer ; et je pourrais aller peut-être jusqu'à une mine d'argent ; c'est donc à cette somme que je me condamne. Mais Platon, que voilà, Criton, Critobule et Apollodore veulent que je me condamne à trente mines, dont ils répondent. En conséquence, je m'y condamne ; et assurément je vous présente des cautions qui sont très solvables.

[Ici les juges vont aux voix pour l'application de la peine, et Socrate est condamné à mort. Il poursuit :]

POUR n'avoir pas eu la patience d'attendre un peu de temps, Athéniens, vous allez fournir un prétexte à ceux qui voudront diffamer la république ; ils diront que vous avez fait mourir Socrate, cet homme sage ; car, pour aggraver votre honte, ils m'appelleront sage, quoique je ne le sois point. Mais si vous aviez attendu encore un peu de temps, la chose serait venue d'elle-même ; car voyez mon âge ; je suis déjà bien avancé dans la vie, et tout près de la mort. Je ne dis pas cela pour vous tous, mais seulement pour ceux qui m'ont condamné à mort ; c'est à ceux-là que je veux m'adresser encore. Peut-être pensez-vous que si j'avais cru devoir tout faire et tout dire pour me sauver, je n'y serais point parvenu, faute de savoir trouver des paroles capables de persuader ? Non, ce ne sont pas les paroles qui m'ont manqué,

Athéniens, mais l'impudence : je succombe pour n'avoir pas voulu vous dire les choses que vous aimez tant à entendre ; pour n'avoir pas voulu me lamenter, pleurer et descendre à toutes les bassesses auxquelles on vous a accoutumés. Mais le péril où j'étais ne m'a point paru une raison de rien faire qui fût indigne d'un homme libre, et maintenant encore je ne me repens pas de m'être ainsi défendu ; j'aime beaucoup mieux mourir après m'être défendu comme je l'ai fait que de devoir la vie à une lâche apologie. Ni devant les tribunaux, ni dans les combats, il n'est permis ni à moi ni à aucun autre d'employer toutes sortes de moyens pour éviter la mort. Tout le monde sait qu'à la guerre il serait très facile de sauver sa vie, en jetant ses armes, et en demandant quartier à ceux qui vous poursuivent ; de même dans tous les dangers, on trouve mille expédients pour éviter la mort, quand on est décidé à tout dire et à tout faire. Eh ! ce n'est pas là ce qui est difficile, Athéniens, que d'éviter la mort ; mais il l'est beaucoup d'éviter le crime ; il court plus vite que la mort. C'est pourquoi, vieux et pesant comme je suis, je me suis laissé atteindre par le plus lent des deux, tandis que le plus agile, le crime, s'est attaché à mes accusateurs, qui ont de la vigueur et de la légèreté. Je m'en vais donc subir la mort à laquelle vous m'avez condamné, et eux l'iniquité et l'infamie à laquelle la vérité les condamne. Pour moi, je m'en tiens à ma peine, et eux à la leur. En effet, peut-être est-ce ainsi que les choses devaient se passer, et, selon moi, tout est pour le mieux.

Après cela, ô vous qui m'avez condamné voici ce que j'ose vous prédire ; car je suis précisément dans les circonstances où les hommes lisent dans l'avenir, au moment de quitter la vie. Je vous dis donc que si vous me faites périr, vous en serez punis aussitôt après ma mort par une peine bien plus cruelle que celle à laquelle vous me condamnez ; en effet, vous ne me faites mourir que pour vous délivrer de l'importun fardeau de rendre compte de votre vie ; mais il vous arrivera tout le contraire, je vous le prédis. Il va s'élever contre vous un bien plus grand nombre de censeurs que je retenais sans que vous vous en aperçussiez ; censeurs d'autant plus difficiles, qu'ils sont plus jeunes, et vous n'en serez que plus irrités ; car si vous pensez qu'en tuant les gens, vous empêcherez qu'on vous reproche de mal vivre, vous vous trompez. Cette manière de se délivrer de ses censeurs n'est ni honnête ni possible : celle qui est en même temps et la plus honnête et la plus facile, c'est, au lieu de fermer la bouche aux autres, de se rendre meilleur soi-même. Voilà ce que j'avais à prédire à ceux qui m'ont condamné : il ne me reste qu'à prendre congé d'eux.

Mais pour vous, qui m'avez absous par vos suffrages, Athéniens, je m'entretiendrai volontiers avec vous sur ce qui vient de se passer, pendant que les magistrats[39] sont occupés, et qu'on ne me mène pas encore où je dois mourir. Arrêtez-vous donc quelques instants, et employons à converser ensemble le temps qu'on me laisse. Je veux vous raconter, comme à mes amis, une chose qui m'est arrivée aujourd'hui, et vous apprendre ce qu'elle signifie. Oui, juges (et en vous appelant ainsi, je vous donne le nom que vous méritez), il m'est arrivé aujourd'hui quelque chose d'extraordinaire. Cette inspiration prophétique qui n'a cessé de se faire entendre à moi dans tout le cours de ma vie, qui dans les moindres occasions n'a jamais manqué de me détourner de tout ce que j'allais faire de mal, aujourd'hui qu'il m'arrive ce que vous voyez, ce qu'on pourrait prendre, et ce qu'on prend en effet pour le plus grand de tous les maux, cette voix divine a gardé le silence ; elle ne m'a arrêté ni ce matin quand je suis sorti de ma maison, ni quand je suis venu devant ce tribunal, ni tandis que je parlais, quand j'allais dire quelque chose. Cependant, dans beaucoup d'autres circonstances, elle vint m'interrompre au milieu de mon discours ; mais aujourd'hui elle ne s'est opposée à aucune de mes actions, à aucune de mes paroles : quelle en peut être la cause ? Je vais vous le dire ; c'est que ce qui m'arrive est, selon toute vraisemblance, un bien ; et nous nous trompons sans aucun doute, si nous pensons que la mort soit un mal. Une preuve évidente pour moi, c'est qu'infailliblement, si j'eusse dû mal faire aujourd'hui, le signe ordinaire m'en eût averti.

Voici encore quelques raisons d'espérer que la mort est un bien. Il faut qu'elle soit de deux choses l'une, ou l'anéantissement absolu, et la destruction de toute conscience, ou, comme on le dit, un simple changement, le passage de l'âme d'un lieu dans un autre. Si la mort est la privation de tout sentiment, un sommeil sans aucun songe, quel merveilleux avantage n'est-ce pas que de mourir ? Car, que quelqu'un choisisse une nuit ainsi passée dans un sommeil profond que n'aurait troublé aucun songe, et qu'il compare cette nuit avec toutes les nuits et avec tous les jours qui ont rempli le cours entier de sa vie ; qu'il réfléchisse, et qu'il dise en conscience combien dans sa vie il a eu de jours et de nuits plus heureuses et plus douces que celle-là ; je suis persuadé que non-seulement un simple particulier, mais que le grand roi lui-même en trouverait un bien petit nombre, et qu'il serait aisé de les compter. Si la mort est quelque chose de semblable ; je dis qu'elle n'est pas un mal ; car la durée tout entière ne paraît plus ainsi qu'une seule nuit. Mais si la mort est un passage de ce séjour dans un autre, et si ce qu'on dit est véritable, que là est le rendez-vous de tous ceux qui ont vécu, quel plus grand bien peut-on imaginer, mes juges ? Car enfin, si en arrivant aux enfers, échappés à ceux qui se prétendent ici-bas des juges, l'on y trouve les vrais juges, ceux qui passent pour y rendre la justice, Minos, Rhadamanthe, Éaque, Triptolème et tous ces autres demi-dieux qui ont été justes pendant leur vie, le voyage serait-il donc si malheureux ? Combien ne donnerait-on pas pour s'entretenir avec Orphée, Musée, Hésiode, Homère ? Quant à moi, si cela est véritable, je veux mourir plusieurs fois. Oh ! pour moi surtout l'admirable passe-temps, de me trouver là avec Palamède[40], Ajax fils de Télamon, et tous ceux des temps anciens, qui sont morts victimes de condamnations injustes ! Quel agrément de comparer mes aventures avec les leurs ! Mais mon plus grand plaisir serait d'employer ma vie, là comme ici, à interroger et à examiner tous ces personnages pour distinguer ceux qui sont véritablement sages, et ceux qui croient l'être et ne le sont point. À quel prix ne voudrait-on pas, mes juges, examiner un peu celui qui mena contre Troie une si nombreuse armée[41], ou Ulysse[42] ou Sisyphe, et tant d'autres, hommes et femmes, avec lesquels ce serait une félicité inexprimable de converser et de vivre, en les observant et les examinant ? Là du moins on n'est pas condamné à mort pour cela ; car les habitants de cet heureux séjour, entre mille avantages qui mettent leur condition bien au-dessus de la nôtre, jouissent d'une vie immortelle, si du moins ce qu'on en dit est véritable.

C'est pourquoi, mes juges, soyez pleins d'espérance dans la mort, et ne pensez qu'à cette vérité, qu'il n'y a aucun mal pour l'homme de bien, ni pendant sa vie ni après sa mort, et que les dieux ne l'abandonnent jamais ; car ce qui m'arrive n'est point l'effet du hasard, et il est clair pour moi que mourir dès à présent, et être délivré des soucis de la vie, était ce qui me convenait le mieux ; aussi la voix céleste s'est tue aujourd'hui, et je n'ai aucun ressentiment contre mes accusateurs, ni contre ceux qui m'ont condamné, quoique leur intention n'ait pas été de me faire du bien, et qu'ils n'aient cherché qu'à me nuire ; en quoi j'aurais bien quelque raison de me plaindre d'eux. Je ne leur ferai qu'une seule prière. Lorsque mes enfants seront grands, si vous les voyez rechercher les richesses ou toute autre chose plus que la vertu, punissez-les, en les tourmentant comme je vous ai tourmentés ; et, s'ils se croient quelque chose, quoiqu'ils ne soient rien, faites-les rougir de leur insouciance et de leur présomption : c'est ainsi que je me suis conduit avec vous. Si vous faites cela, moi et mes enfants nous n'aurons qu'à nous louer de votre justice. Mais il est temps que nous nous quittions, moi pour mourir, et vous pour vivre. Qui de nous a le meilleur partage ? Personne ne le sait, excepté Dieu.

[1] Artisan riche et puissant, zélé démocrate, qui avait rendu de grands services à la république, en contribuant avec Thrasybule à l'expulsion des trente olygarques et au rétablissement de la liberté. Il était à la tête des ennemis de Socrate. Plus tard, les Athéniens le condamnèrent à l'exil. Arrivé à Héraclée, les habitants lui enjoignirent de quitter leur ville le jour même (DIOG. LAERCE, II, 43).

[2] Mélitus et Lycon. Lycon était orateur. Les orateur à Athènes formaient une magistrature politique, instituée par les lois de Solon. Ils étaient dix, chargés de présenter dans l'assemblée du sénat et du peuple les mesures les plus utiles à la république. Ce fut Lycon qui dirigea les procédures dans l'affaire de Socrate (DIOG. LAERCE, II, 38).

[3] À Athènes, les deux parties prêtaient serment. L'accusateur jurait le premier qu'il dirait la vérité ; l'accusé protestait de son innocence. Ce double serment s'appelait ἀντωμοσία. On appelait aussi ἀντωμοσία la formule de l'accusation avec serment. C'est dans ce sens que Platon dit ici : ἀντωμοσίαν ἀναγνῶναι, lire l'accusation rédigée en forme, et le serment prêté par l'accusateur.

[4] ARISTOPH. Nuées, v. 221, seqq. Cette pièce avait été jouée vingt-quatre ans avant le procès de Socrate.

[5] Gorgias de Léontium, ville de Sicile, disciple d'Empédocle. Il est le père des sophistes et de la rhétorique. Il s'enrichit par ses cours publics auxquels il n'admettait pas à moins de cent mines. Lui-même il fit présent au temple de Delphes, de sa propre statue dorée (PAUSAN. Phoc. ch. 18). Il vécut plein de gloire, et mourut, selon Pausanias (Elide, liv. II, ch. 17), à cent cinq ans ; selon Diogène Laërce, Suidas et Philostrate, à cent neuf ans. Voyez, sur Gorgias, le Gorgias, l'Hippias et le Protagoras.

[6] Prodicus de Céos, et non de Chio, rhéteur et physicien, disciple de

Protagoras, et contemporain de Démocrite. Xénophon nous a conservé sa belle allégorie de la Vertu et de la Volupté se disputant Hercule. D'après Suidas, il aurait fini par être accusé de corrompre la jeunesse, et par boire la ciguë. Voyez sur Prodicus le Gorgias, le Protagoras et surtout le Cratyle.

[7] Hippias d'Elis, rhéteur et philosophe. Il vécut heureux, glorieux et riche comme Gorgias, et fut chargé par les Lacédémoniens de plusieurs missions importantes dont il s'acquitta toujours avec distinction. Un des caractères de son éloquence, comme de celle de Gorgias, était l'affectation des tours et des expressions poétiques (Voyez l'Hippias et le Minos).

[8] Platon, dans le Protagoras ; Xénophon, dans le Banquet ; Aristophane, dans les Oiseaux, v. 285, lui font le même reproche. Sa richesse était passé en proverbe.

[9] Poète et sophiste (Voyez le Phédon et le Phèdre).

[10] Une mine valait 100 drachmes, et la drachme à-peu-près 18 sols de notre monnaie, selon Barthélemy.

[11] Aristophane dans les Nuées se moque de ce Chérephon et de son zèle pour la philosophie de Socrate. Le Scholiaste (Nuées, v. 501, seqq.) ajoute encore au texte. Voyez dans Xénophon (faits mémorables de Socrate) ce qu'en dit son frère Chérécrate. — L'exil auquel Socrate fait ici allusion, est l'exil auquel furent condamnés les principaux citoyens d'Athènes, par les trente tyrans. Les bannis rentrèrent à Athènes trois ans après, et le procès de Socrate eut lieu l'année suivante.

[12] On rapporte assez diversement la réponse de la Pythie. Le Scholiaste d'Aristophane (Nuées, v. 144) lui fait dire : « Sophocle est sage ; Euripide plus sage que Sophocle ; mais Socrate est le plus sage de tous les hommes. » Selon Xénophon (Apologie de Socrate), Apollon répondit : « Qu'il n'y avait aucun homme plus libre, plus juste, plus sensé. »

[13] Le texte porte : par le chien. C'est le serment de Rhadamante qui, pour éviter de jurer toujours par les dieux, inventa plusieurs autres formules de serment : par le chien, par le chêne, etc.

[14] Les termes de l'accusation sont un peu altérés ici. Xénophon (Apologie et faits mémorables de Socrate) les rapporte avec quelques légères différences. Diogène Laërce donne l'acte d'accusation, tel qu'il était encore conservé de son temps, au témoignage de Phavorinus,

dans le temple de Cybèle, qui servait de greffe aux Athéniens. Voici cet Acte :« Mélitus, fils de Mélitus, du bourg de Pithos, accuse par serment Socrate, fils de Sophronisque, du bourg d'Alopèce : Socrate est coupable en ce qu'il ne reconnaît pas les dieux de la république, et met à leur place des extravagances démoniaques. Il est coupable en ce qu'il corrompt les jeunes gens. Peine, la mort » (DIOG. LAERCE, liv. II, chap. 40).

[15] Anaxagore de Clazomène, élève d'Anaximènes, prétendait que le soleil n'est qu'une masse de fer ou de pierre embrasées, et que la lune est une terre comme celle que nous habitons (DIOG. LAERCE, liv. II, chap. 8, avec les remarques de Ménage).

[16] HOM,. Iliad., liv. XVIII, v. 96, 98, 104

[17] Sur la conduite de Socrate dans ces trois occasions, voyez Platon dans le Banquet, et Diogène Laërce, liv. II, chap. 22, avec des remarques de Ménage.

[18] Le peuple athénien était divisé en dix tribus dont chacune fournissait cinquante représentants au conseil des cinq cents, ou sénat, qui se trouvait ainsi composé de dix classes. Chacune d'elle gouvernait à son tour pendant trente-cinq jours. Ces cinquante sénateurs s'appelaient prytanes, et la durée de leurs fonctions, une prytanie ; enfin, ils étaient nourris aux frais de l'état, dans un édifice public nommé Prytanée (BARTHÉLEMY, Voyage d'Anach., ch. 14).

[19] Socrate était du bourg d'Alopèce, qui faisait partie de la tribu Antiochide.

[20] Il y avait une loi qui ordonnait de faire à chaque accusé son procès séparément. Euryptolème la rapporte dans sa défense des généraux (XÉNOPH. Hist. Gr., liv. I).

[21] Combat où les dix généraux athéniens remportèrent la victoire sur Callicratidès, général lacédémonien.

[22] XÉNOPH., Hist. Gr., liv. I.

[23] Édifice circulaire et voûté où les prytanes prenaient leurs repas en commun. On l'appelait aussi Prytanée, Πρυτανεῖον, parce qu'il servait de magasin pour les grains, Πορῶν ταμεῖον (TIMÉE le grammairien).

[24] PLATON, lettre VIIe ; XÉNOPH., Faits mémorables de Socrate. — Hist. Gr., liv. I. Le gouvernement des trente tyrans ne dura que quatre ans.

[25] Alcibiade et surtout Critias, l'un des trente tyrans, dont on affectait de rapporter la conduite aux principes et aux leçons de Socrate.

[26] Sphettios, bourg de la tribu Acamantide.

[27] Eschine, le Socratique, auquel on attribue plusieurs dialogues.

[28] Céphise, bourg de la tribu Érechtéide.

[29] Il en est question dans le Phédon.

[30] Voyez le dialogue de ce nom.

[31] Voyez le Phédon, XÉNOPH., Apologie de Socrate.

[32] Odyssée, liv. XIX, v. 163.

[33] Les juges étaient 556, dont 281 opinèrent contre Socrate, et 275 en sa faveur. Il ne manqua donc à Socrate que 3 voix de plus pour obtenir l'égalité des suffrages et pour être absous.

[34] Tous les suffrages contre Socrate comptèrent à Mélitus, accusateur en chef ; mais Socrate donne à entendre que dans la totalité des suffrages obtenus, Mélitus n'en avait dû qu'un tiers à son influence personnelle, et que par conséquent, si Anytus et Lycon ne lui avaient pas donné les voix de leurs partisans, Mélitus n'aurait point obtenu le cinquième des suffrages exigé par les lois.

[35] Dans tous les délits dont la peine n'était pas déterminée par la loi, l'accusateur proposait la peine, et l'accusé, jugé coupable, avait le droit d'indiquer lui-même celle à laquelle il se condamnait.

[36] On nourrissait au Prytanée, au frais du public, outre les prytanes, ceux qui avaient rendu des services importants à l'état, et les vainqueurs aux jeux Olympiques.

[37] À Athènes, nul procès ne pouvait durer plus d'un jour (SAM. PETIT. in Leg. att.).

[38] Magistrats préposés aux prisons. Chacune des dix tribus fournissait un de ces magistrats, et le greffier faisait le onzième.

[39] Les Onze.

[40] Il fut, dit-on, lapidé par les Grecs, parce qu'on trouva dans sa tente des indices d'une correspondance avec les Troïens. Mais c'était une invention d'Ulysse, ennemi de Palamède.

[41] Agamemnon.